Generacion Justicia: Día de Los Vivos, Abigitano 2

Abhijit Naskar es un célebre neurocientífico, autor de más de 100 libros, el poeta mundial de 1500 sonetos (inglés), y un incansable defensor de la salud mental y la armonía global. Con su vasto corpus de literatura humanitaria, es el pináculo de la ciencia y la poesía humanitarias del mundo, y la encarnación viva del multiculturalismo.

Generacion Justicia

Día de Los Vivos, Abigitano 2

ABHIJIT
NASKAR

Generacion Justicia: Día de Los Vivos, Abigitano 2

Una Empresa Editorial de Amazon, Primera Edición, 2024

Impreso en los Estados Unidos de América.

ISBN: 9798345989579

Naskar Multilingual

2. Yüz Şiirlerin Yüzüğü (Ring of 100 Poems, Bilingual Edition): 100 Turkish Poems with Translations
3. Meine Welt, Meine Verantwortung: Hundert Sonette für Meine Weltfamilie (German)
4. L'humain Impossible: Cent Sonnets pour Ma Famille Mondiale (French)
5. Abigitano: El Divino Refugiado (Spanish)
6. Monge Cientista (Portuguese)
7. Världsviking: Gudomlig Poesi (Swedish)

Abhijit Naskar Anthologies

1. Humankind My Valentine: World Oneness Anthology of 1000 Sonnets
2. Naskar's Knights: The Humanitarian Omnibus (16 Books)
3. Milkyway Messiahs: The Interfaith Omnibus (8 Books)
4. Undercover Armageddon: World Engineering Omnibus (10 Books)
5. Naskaristan: Vicdansaadet Poetry Series (5 Books)

DEDICACIÓN

Para los Humanos de la Tierra.

CONTENIDO

Capítulo 1

1.

Es mejor ser amable que correcto,
es mejor ser idiota que arrogante.
Es mejor ser ignorante que intolerante,
es mejor ser explotado que indiferente.

Es mejor ser ingenuo que narcisista,
es mejor ser pobre que torcido.
Es mejor estar equivocado que imbécil,
es mejor estar roto que tramposo.

Mejor estar equivocado que ser cruel,
mejor ser ridiculizado que rígido.
Mejor ser destrozado que superficial,
mejor ser quemado que frío.

2.

Una persona en la que refugiarse,
un propósito que nos impulse,
eso es todo lo que necesitamos
para llevar una buena vida.

El cerebro en la base de la mente,
el corazón en la base de la existencia,
el carácter en la base de los hombros,
eso es todo lo que necesitamos para
llevar una buena vida.

El materialismo normalizado como abundancia
encadena la libertad y paraliza la vida.
La verdadera abundancia infunde contenido,
no desorden - las necesidades reales de
la vida son más bien pequeñas.

3.

Sólo tengo un consejo
para ti: sé dueño de tu vida,
como un ser humano completo -

sé vivo y original
sin pedir disculpas,
no un mono cobarde con
desgracias de segunda mano.

Los dulces sueños nacen del sudor y valor -
sudor lo hace dulce, el valor lo hace realidad.
La dulce sociedad nace de la razón y cuidado,
donde soy tu refugio, y tú eres mi verdad.

Yo seré tu visión, tú serás mi misión.
Divididos somos simios, juntos, civilización.

Capítulo 2

4.

Peregrino del amor
es peregrino de la verdad.
Peregrino de la unidad
es poesía viva.

Peregrino del dolor
es peregrino de la vida.
La ausencia de sufrimiento
es ausencia de vida.

Soy un políglota roto, una pareja
perfecta para el poeta roto que soy.
Poeta roto es el poeta sagrado,
Si no estoy rota, el poeta, no soy.

En lo quebrantado hay honor,
en las heridas hay valor.
Peregrino del peligro
es peregrino del milagro.

Aprendemos más en la crisis
que en la comodidad.
Acepta tus cicatrices,
no te arrepientas.

5.

Mi divinidad no tiene sus raíces
en las Escrituras ni en Dios,
mi divinidad tiene sus raíces
en el bienestar humano.

Mi ciencia no tiene sus raíces
en la lógica fría o en los hechos,
mi ciencia tiene sus raíces
en el bienestar humano.

Mi filosofía no tiene sus raíces
en el egoísmo del intelecto,
mi filosofía tiene sus raíces
en la erradicación del prejuicio.

Mi mente está arraigada en el Amor y la Libertad.
Mi vida es una carta de amor a la humanidad.

6.

Mi vida es una carta de amor,
mi vida es declaración de justicia.
El amor que vivo sobrepasa la carne,
hacia el reino de la amistad eterna.

El amor de la carne se limita a la cama,
el amor del alma sobrepasa la cama.
Mi primer amor es siempre la sociedad,
el amor indiviso es signo de existencia.

No basta con resistirse al odio,
la resistencia al odio solo amplifica el odio.
Expándete más allá de los límites del odio,
libera tu vida como testamento de amor.

Capítulo 3

7.

La superstición no es un deseo divino,
la indiferencia no es un designio inteligente.
El destino obedece sólo a los valientes -
con venas de trueno, el mundo se enciende.

La superstición no es divinidad,
como tampoco la frenología es neurociencia.
La conspiración no es iluminación,
como tampoco la astrología es astrofísica.

Las líneas de la palma no hacen
el destino, la lucha de las manos sí.
Cartas y cristales son juguetes tontos,
¡Eres el milagro viviente, ahora, aquí!

La superstición no debe transmitirse como cultura,
los prejuicios no deben transmitirse como herencia.
Si quieres transmitir algo que valga la pena,
transmite coraje, compasión y conciencia.

8.

La conciencia es mi brújula.
La columna es mi batería.
La tragedia amplifica mi trueno,
Ridículo envalentona mi magia.

Tu sueño es tu deber,
Tu sueño es tu derecho.
No dejes que los chimpancés
pisoteen tu ambición y tu sueño.

Más vale refugiado en el mar
que prisionero del estanque.
Mejor renunciar a la ciudadanía
que renunciar a tu sueño.

9.

No tomes la estrechez
del mundo como tu destino,
No tomes los prejuicios
del mundo como tu herencia.

No tomes la intolerancia
del mundo como tu identidad,
No tomes la ignorancia
del mundo como tu cordura.

No tomes la impotencia
del mundo como tu herencia,
No tomes la estupidez
del mundo como tu iluminación.

La visión primitiva del mundo
no es la iluminación suprema,
No tomes la cobardía del mundo
como sabiduría olímpica.

Capítulo 4

10.

El amor a uno mismo
es la raíz del sufrimiento,
Piérdete en los demás y
el sufrimiento se desvanece.

El amor a la patria
es la raíz de la guerra.
Haz del mundo tu país
y toda guerra terminará.

El amor por una cultura
exclusiva es la raíz del odio,
Haz del amor tu primera cultura
y todo odio terminará.

Lucha por el amor y la luz,
santificado por la razón.
Hay amor en el mundo
cuando el amor es tu mundo.

11.

La guerra es el síntoma,
el patriotismo es la enfermedad.
El mundo es mi nación,
la humanidad, mi nacionalidad.

Hubo un tiempo en que el patriotismo
era un instrumento de libertad,
hoy en día, el patriotismo es sólo
una excusa para la persecución.

La evolución no es un rechazo de la tradición,
sino una inoculación contra el estancamiento.
El secularismo no es un rechazo de la fe,
sino una inoculación contra el fundamentalismo.

Diversidad es la presencia la gente,
La inclusión es celebración de la gente.
La tradición es el culto al pasado.
La evolución es la celebración del presente.

12.

El prejuicio es la sensibilidad de las cavernas,
la razón es la sensibilidad de la civilización.
Cualquier mono puede vivir con prejuicios,
se necesita un humano para comprender la razón.

La guerra es para los simios,
la paz es para los humanos.
El odio es la norma de la jungla,
la norma civil es la integración.

La guerra no es paz,
el odio no es amor.
El prejuicio no es santidad,
la discriminación no es sabiduría.

Cualquier mono puede morir por la patria,
sólo un humano puede vivir por la humanidad.
La diferencia entre mono y humano
está en el sentido de inclusividad.

Capítulo 5

13.

El nacionalismo produce más viudas
y huérfanos que enfermedades y desastres.
El fundamentalismo llena más tumbas
que accidentes y calamidades.

Una sonrisa hace más por aliviar
el dolor que cien himnos y oraciones.
Una pequeña ayuda con un pequeño abrazo
trae una vela a la noche.

Un abrazo hace más por secar
las lágrimas que cien horas de terapia.
Una pequeña ayuda con una pequeña sonrisa
añade sentido a la vida humana.

La caridad comienza en casa,
La guerra comienza en casa.
Denuncia todo hechizo patriótico,
la paz empieza en casa.

14.

Chiquita Planeta en la Pradera
(Himno de la Nueva Tierra)

La Nueva Tierra es un arte de amor,
no una mancha de odiosa ignorancia.
La Nueva Tierra es una tierra prometedora,
no de avaricia e indiferencia.

Nueva Tierra es un lienzo en blanco,
tenemos que decidir qué pintaremos -
obra maestra de un amanecer inclusivo,
o un recordatorio sangriento
de los días de los simios.

La Nueva Tierra es una Tierra mejor,
ya no tenemos sed de sangre.
Luchamos juntos sin dividirnos,
para ser una chispa divina de amor amable.

Hijab, hábito, turbante, todos son iguales,
Es intolerancia lo que es inaceptable.
En nuestra Nueva Tierra el carácter es supremo,
las tradiciones primitivas son prescindibles.

La existencia aquí es un arte del amor,
en nuestro planeta en la pradera cósmica.
La Nueva Tierra es una celebración de la vida,
no una validación de una rigidez ruinosa.

15.

La nacionalidad es un derecho,
el nacionalismo no lo es.
La religión es un derecho,
el fundamentalismo no lo es.

Las dudas son un derecho,
la conspiración no lo es.
La ignorancia es un derecho,
la superstición no lo es.

La creencia es un derecho,
el odio no lo es.
La ficción es un derecho,
el prejuicio no lo es.

La herencia es un derecho,
la división no lo es.
La tradición es un derecho,
la discriminación no lo es.

Capítulo 6

16.

Cualquier persona que gasta
más energía en la rigidez
que en la ascensión,
es una persona retrógrada.

Cualquier país que gasta
más dinero en ejército
que en educación
es un país atrasado.

Cualquier cultura que
confíe más en la tradición
que en la transformación
es una cultura atrasada.

Cualquier especie que
priorice el pasado
sobre el presente,
es una especie atrasada.

17.

El alto el fuego sólo pospone la guerra,
el desarme instaura la paz.
El armisticio potencia el armamento,
la desmilitarización instaura la paz.

Gastad menos en bombas y más en libros.
Gastad menos en soldados y más en profesores.
Gastad menos en paranoia y más en razón.
No viváis como belicistas, sino como pacificadores.

Cuestionad el odio, no la armonía.
Prohibed las bombas, no los libros.
Dudad de las fronteras, no la bondad.
Encadenad los gusanos, no los úteros.

18.

Todo animal conoce el amor propio,
sólo el ser humano conoce el amor desinteresado.
Todo animal conoce la lealtad a la tribu,
sólo el ser humano puede expandir su corazón.

Una taza es sólo vajilla
hasta que hay café en ella.
Una cabeza es sólo un cráneo
hasta que hay una mente en ella.

La ropa es sólo tela
hasta que hay un carácter en ella.
Zapatos son solo calzado
hasta que hay un viaje en ellos.

El pecho es solo un montón de huesos
hasta que hay un corazón dentro.
Un cuerpo es solo una bolsa de carne
hasta que hay un ser humano dentro.

Capítulo 7

19.

Es un mundo extraño en el que vivimos,

Cuando somos jóvenes, nos hacemos los viejos.
Cuando somos viejos, nos hacemos los jóvenes.
Cuando estamos en casa, queremos ver el mundo.
Cuando estamos de viaje, queremos llegar a casa.

Cuando estamos solos, anhelamos compañía.
Cuando tenemos pareja, nos resulta difícil.
Cuando no tenemos nada, ansiamos una fortuna.
Cuando lo tenemos todo, sigue siendo difícil.

Nunca somos felices en el momento,
nos gusta admirar la idea de la felicidad,
nos gusta venerarla desde lejos como un concepto,
la verdadera felicidad está plagada de problemas.

Las espinas santifican el camino,
los problemas endulzan la felicidad.
La derrota brinda durabilidad,
el desprecio santifica el alma.

20.

Puedes comprar conocimiento,
pero no iluminación.
Puedes comprar un sofá,
pero no afecto.

Puedes comprar ropa,
pero no carácter.
Puedes comprar un techo,
pero no un refugio.

Puedes comprar tinta,
pero no sabiduría.
Puedes comprar llaves,
pero no libertad.

Puedes comprar una cruz,
pero no la santidad.
Puedes comprar mis libros,
pero no mi humanidad.

21.

Puedes comprar mis libros, no mi luz.
Puedes comprar una cruz, no el Cristo.
Puedes comprar vacaciones, no expansión.
Puedes comprar gafas, no introspección.

Puedes comprar zapatos, no movimiento.
Puedes comprar cursos, no ambición.
Puedes comprar guantes, no calidez.
Puedes comprar coito, no amor.

Puedes comprar decoración, pero no Navidad.
Puedes comprar escrituras, pero no religión.
Puedes comprar velas, pero no iluminación.
Puedes comprar insignias, pero no civilización.

Capítulo 8

22.

La religión que vivo habla de amor,
La religión que vivo es mansa como una paloma.
La religión que vivo no reclama conversos,
La religión que vivo acoge a todos en un abrazo.

La religión que vivo trasciende la doctrina,
La religión que vivo trasciende la iglesia y el templo.
La religión que vivo no ve ninguna fe como extraña,
La religión que vivo encuentra el bien en cada camino.

La religión que vivo es una oración ambulante,
un llamado vivo a la tolerancia y la aceptación.
Soy un poeta divino, del valle del amor,
La religión que vivo es el fin de la división.

La religión que vivo es un acto de paz,
una promesa de amor, en un mundo de malicia.

23.

Un zapato no sirve para todos,
Una cultura no sirve para todos.
Una fe no sirve para todos,
Un idioma no sirve para todos.

Una escritura no sirve para todos,
Una bandera no sirve para todos.
Una etiqueta no sirve para todos,
Una bebida no sirve para todos.

Un sistema operativo no sirve para todos,
Una ficción no sirve para todos.
Una tradición no sirve para todos,
Una jungla no sirve para todos.

Una teología no sirve para todos,
por eso tenemos tantas versiones.
Una perspectiva no sirve para todos,
somos curadores de nuestras iluminaciones.

24.

Pedirle a la IA que te ayude
a escribir no es escribir.
Pedirle a la IA que afine
tu voz no es cantar.

Pedirle a la IA que te ayude
a pintar no es pintar.
Pedirle a la IA que te ayude
a programar no es programar.

Pedirle a la IA que te ayude
a crear no es creatividad.
Pedirle a la IA que construya
tu sueño no es soñar.

Pedirle a la IA que narre libros
no es contar historias.
La IA debería hacer el trabajo manual
para que los humanos puedan crear.

Capítulo 9

25.

La Inteligencia Artificial
no destruirá el mundo.
Nuestra irresponsabilidad
destruirá el mundo.

La investigación en IA puede
tener repercusiones irreversibles
en la vida de la especie humana,
por lo que debemos pisar con cautela.

Las máquinas se centran cada vez
más en la comodidad, en lugar de
centrarse en las soluciones.
No es inteligencia artificial,
es parálisis artificial.

El surgimiento de la IA
será el fin de I (YO),
a menos que tengamos cuidado.

26.

Se supone que la tecnología
nos ayuda a albergar vida,
no a mantenernos como rehenes.

Se supone que Internet
nos ayuda a conectarnos,
no a arrojarnos a la era del hielo.

No glorifiquemos la innovación
a expensas de la humanidad.
Cada vez más innovaciones
se están convirtiendo en
catalizadores de disparidad.

Chatgpt mima el plagio,
Facebook mima las conspiraciones.
Cada vez más innovaciones
se están convirtiendo en
catalizadores de catástrofes.

27.

Bienvenidos a la era de la IA,
donde los algoritmos crecen y
las mentes se hacen más pequeñas,
donde la libertad es la nueva prisión
y los personajes se retiran a cuevas.

Bienvenidos a la era de la IA,
donde el engaño es la nueva creatividad,
donde el odio es un derecho humano
y la desinformación es una industria legal.

Bienvenidos a la era de la IA,
donde los algoritmos aún no son sensibles,
pero también lo son las personas que los usan,
la insensatez es la tendencia de los nuevos sapiens.

Capítulo 10

28.

Cada máquina tiene inteligencia artificial.
Y cuanto más avanzada se pone una máquina,
más avanzada será la inteligencia artificial.

Pero, una máquina no puede
sentir lo que está haciendo.
Solo sigue las instrucciones –
nuestras instrucciones –
de los seres humanos.

Algoritmo sin humanidad es barbarie digital.
La inteligencia sin corazón es veneno animal.

29.

Mi crisis eres tú,
mi consuelo eres tú.
Mi coraje eres tú,
mi cobardía eres tú.

Mi consuelo eres tú,
mi amenaza eres tú.
Mi destreza eres tú,
mi estorbo eres tú.

Eres mi maldición,
mi única cura.
Eres mi respuesta
a la tentación egoísta.

Eres mi redención,
mi petrificación.
Eres mi valentía,
mi condenación elegida.

30.

La elección de hoy
es el instinto de mañana.
Elige la paz hoy,
mañana será la norma.

La elección de ayer
es el instinto de hoy,
Si cedes al odio,
la jungla continuará.

La crisis de hoy
es la corona de mañana.
La agonía de hoy
es la gloria de mañana.

Capítulo 11

31.

La perseverancia es el puente
entre lo posible y lo imposible.
La resiliencia es el puente
entre el logro y lo inalcanzable.

Es sólo nuestra dedicación hacia
nuestra pasión lo que distingue
a un campeón de la multitud -
no hay crecimiento sin malestar.

Cada uno de nosotros es un trozo de
uranio, extremadamente inestable,
pero extremadamente potente -
está bien desmoronarse: aquellos que
nunca se desmoronan, nunca vuelan lejos.

32.

Donde hay voluntad,
hay una rueda.
Donde hay intención,
hay justicia.

Cada herida trae valentía,
Donde hay herida, hay luz.
El sufrimiento amplía la visión,
Donde hay moderación, hay salud.

Si no has reflexionado sobre la futilidad
de la vida, no has vivido lo suficiente.
Si no has conquistado la futilidad
de la vida, no has crecido lo suficiente.

Nada a través del tsunami
como si el mar fuera tu imperio -
tu destino es tu propio diseño.

33.

No ruegues por un asiento en la mesa,
ve solo y construye tu propia mesa.

Allí donde los fanáticos no están
acostumbrados a la resistencia,
todo humanitario es considerado un dictador.

Donde el prejuicio es forma de vida,
la voz de la razón suena
como un acto de terrorismo.

La burla me envalentona,
el ridículo me eleva.
La apatía me vigoriza,
la traición me fortalece.

Capítulo 12

34.

Mi vida es una dictadura,
no una democracia.
Soy mi propio gobernante supremo,
más allá de las opiniones.

Cuanto más te burlas, más alto vuelo,
cuanto más ignoras, más evidente me vuelvo.
Cada acto de odio acaba alimentando mi luz,
cuanto más persigues, más inmortal me vuelvo.

Déjalos conservar sus opiniones,
tú conserva tu ambición.
No dejes que una sociedad
primitiva defina tu destino.

35.

Cuando el crecimiento llega,
nos hace humildes.
Cuando la humildad llega,
nos hace crecer.

Cuando llega la santidad,
nos hace aceptar.
Cuando llega la aceptación,
nos hace santos.

Cuando llega la curiosidad,
nos hace razonar.
Cuando llega la razón,
nos hace curiosos.

Cuando la vida llega,
nos hace amar.
Cuando el amor llega,
nos trae vida.

36.

Rodéate de lujo
y te sentirás elegante.
Rodéate de sencillez
y te sentirás feliz.

Rodéate de libros
y te sentirás inteligente.
Rodéate de gente
y te sentirás vivo.

Capítulo 13

37.

Si confundes bombas con seguridad,
solo amplificas la inseguridad.
Refúgiate en los libros
y encontrarás tranquilidad.

Si te contaminas con ideología,
solo sientes miedo.
Desinféctate con amor,
y finalmente te sentirás vivo.

38.

No seas alcohólico,
sé escritor:
cien veces más intoxicación,
sin primitivismo.

El alcohol convierte
la tristeza en veneno,
la escritura convierte
las heridas en ungüento.

Sumérgete en el alcohol
y nunca verás la luz de la vida.
Sumérgete en la escritura
y emergerás como portador de vida.

39.

Emborrachaos con
una visión nunca vista,
Embriagados con
una causa inquebrantable.

Embriagados con
incorruptibilidad,
Embriagados con
responsabilidad.

Embriagados con
justicia incontaminada,
Embriagados con
la promesa de vida.

Capítulo 14

40.

Cualquier roedor de las cunetas
puede ahogarse en alcohol,
se necesita un gigante para
beber el veneno del mundo.

Cualquier simio puede encontrar
la salvación en el escape líquido,
se necesita un humano para
soportar la devastación.

41.

La rigidez es nuestra herencia,
la reforma es nuestra elección.
El tribalismo es nuestra tradición,
la transformación es nuestra elección.

El compromiso es nuestra herencia,
la conciencia es nuestra elección.
La división puede ser tradición,
la unidad es nuestra existencia.

La elección de hoy es la herencia del mañana.
La elección de hoy es la tradición del mañana.
El error de nuestros antepasados fue su elección.
Nuestra existencia es un testimonio de la ascensión.

Trascienda la herencia de rigidez,
y toda tradición de división,
sea el llamado de la vida:
la existencia es un pasaje de luz.

42.

La existencia es un paso de luz,
no la contamines con el miedo animal.
El miedo animal es la raíz de los muros,
fuera de la selva se encuentra la civilidad.

Los muros pertenecen a los muertos,
los puentes pertenecen a los vivos.
La selva pertenece a los animales,
la sociedad pertenece a los humanos.

Compra flores para las
tumbas de tus antepasados,
¡pero nunca te conviertas en abono
para obtener sus alabanzas!

Capítulo 15

43.

La crueldad es
la semilla de la selva,
la crueldad asegura
la supervivencia del más apto.

Esto funciona bastante
bien si eres un animal,
pero para un ser humano
la autopreservación
no sirve de nada.

El amor es la semilla
de la civilización,
sólo el amor garantiza
un mundo digno de ser vivido.

44.

Los animales hablan sangre,
las máquinas hablan cerebro.
El universo habla en números,
los humanos hablan amor.

Preservar el yo es naturaleza animal,
preservar la sociedad incluso
a expensas de uno mismo es humanidad.

Preservar la lógica es instinto
de máquina, elegir el amor
por sobre la lógica es humanidad.

45.

Elegir la herencia
es tradición animal,
elegir el amor por sobre
la herencia es humanidad.

Vivir según la lógica
es aprendizaje automático,
elegir la vida por sobre
la lógica es humanidad.

La brutalidad está
en nuestra sangre,
no hace falta valor
para ser cruel.

El amor es un acto de valentía,
inimaginable para el animal.

Capítulo 16

46.

El amor es sabiduría suprema.
La bondad es conciencia suprema.
Ningún conocimiento es verdadero
conocimiento hasta que dome
la jungla interior.

El uso más noble del
conocimiento es la conquista
del animal que llevamos dentro.

Si te convierte en un ser mecánico,
no eres más que una alimaña caprichosa.

47.

El servicio es la mayor sabiduría.
La bondad es la conciencia suprema.
Deja a un lado tus hazañas extravagantes
hasta que te des cuenta del valor de la vida.

Justicia y juicio son
dos cosas diferentes,
Justicia significa pertenencia,
juicio significa cancelación.

Enfrentar el odio es justicia.
Enfrentar la fragilidad es cancelación.
Si no puedes distinguir el odio de la fragilidad,
no eres un activista de la civilización.

La justicia y el juicio no son lo mismo,
una te hace humano, la otra te hace estúpido.

48.

Nativo Extranjero
(El Soneto)

Cuando los nativos son tratados como extranjeros,
y los extranjeros toman el poder como amos,

las culturas son desarraigadas por decreto legal,
el honor es robado como botín de guerra,

imperios erigidos sobre sangre y huesos,
cuando la prosperidad tiene sus raíces en el saqueo,

los hogares son despojados de esperanzas y sueños,
las violaciones alimentan el palacio del desatino,

cuando los babuinos se adornan con artículos pirata,
cada joya está empapada en derramamiento de sangre,

cuando las festividades prosperan gracias al robo,
la corrección es maldecida como blasfema,

desafiando el delirio del rey y el país, levántense,
y erguíense humanos contra la inhumanidad imperial.

Capítulo 17

49.

Los simios tienen nacionalidad,
los humanos tienen humanidad.
Las hormigas tienen burla,
los gigantes tienen deber.

Los simios tienen cultura exclusiva,
los humanos tienen cultura inclusiva.
Las hormigas son prisioneras de palacio,
los gigantes son exploradores del infinidad.

Los simios saquean y lo llaman victoria,
los humanos sacrifican y lo llaman vivir.
Las hormigas lo acaparan todo para sí mismas,
los gigantes encuentran sentido en compartir.

50.

Tu dolor es mío,
mi triunfo es tuyo.
Divididos somos la enfermedad,
Unidos somos la cura.

La apatía es una mentira,
la amabilidad es verdad.
Todos libres o ninguno libre,
ésta es la verdad divina.

Sin embargo, el odio se
glorifica como algo sagrado,
mientras que el amor se
califica de blasfemia,

la división se califica de divina,
la unidad es un acto de infidelidad.
Si esta es tu idea de santidad,
tú y tu fe perteneceis a la Edad de Piedra.

51.

La religión que no trae unidad,
no es religión, sino el pecado original.
La ciencia que no eleva la condición humana,
no es ciencia sino superstición.

La fe es común,
La unidad es rara.
La libertad es común
La responsabilidad es rara.

La religión es común,
el amor es raro.
La creencia es común,
el comportamiento es raro.

Capítulo 18

52.

Los muros son comunes,
los puentes son raros.
La adoración es común,
el parentesco es raro.

La realeza es común,
la civilidad es rara.
La herencia es común,
La humildad es rara.

La invasión es común,
la expansión es rara.
Los museos son comunes,
la iluminación es rara.

53.

Los refugiados son portadores de cultura,
los colonizadores son portadores de infección.
Los colonizadores son el virus,
los refugiados son la civilización.

Los refugiados viven de esperanza,
los colonizadores prosperan gracias a la codicia.
Los refugiados sueñan con la aceptación,
los colonizadores sueñan con la supremacía.

54.

En el corazón del otro,
encontremos un hogar.
En los brazos del otro,
encontremos la normalidad.

Cada molécula sea
el hogar del amor.
En los ojos del otro,
seamos la mañana.

En el horror del otro
seamos lámpara,
en las venas del otro
seamos electricidad.

En las tormentas del otro
levantemos el ancla,
en medio del vicio y la malicia
llevemos la sensibilidad.

Capítulo 19

55.

No hay una sino dos verdades,
la verdad de los hechos,
y la verdad de la bondad.

La verdad de los hechos
merece honor cuando sirve
a la verdad de la bondad.

La verdad de los hechos
se nutre de la lógica,
un antídoto eficaz
contra los prejuicios.

Cuando arruina la dulzura de
la vida, la verdad de los hechos
es portadora de malicia.

El intelecto puro sin emoción
es como un cuchillo sin mango:
hace más daño que bien.

56.

Mi santidad es vasta como el cielo,
y profunda como el océano:
tiene lugar para toda fe,
pero no para la intolerancia.

Creo en el derecho a la creencia,
pero no como excusa para la discriminación.
Mi santidad tiene lugar para todos los mitos,
pero no para los mitos utilizados para la división.

57.

El odio es inevitable,
El corazón es una elección.
La tradición es inevitable,
La transformación es una elección.

El cinismo es predominante,
La confianza es una elección.
La condescendencia es predominante,
La humildad es una elección.

La insensibilidad es fácil,
La conciencia requiere coraje.
La estrechez es fácil,
La expansión requiere coraje.

La muerte es inevitable,
La vida es una elección.
La extinción es inevitable,
La existencia es una elección.

Capítulo 20

58.

El fracaso es inevitable.
La derrota es una elección.
El sufrimiento es inevitable.
La autocompasión es una elección.

El ridículo es inevitable.
La amargura es una elección.
La traición es inevitable.
La venganza es una elección.

La ignorancia es inevitable.
La intolerancia es una elección.
Los sesgos son inevitables.
El prejuicio es una elección.

59.

La debilidad es inevitable,
la valentía es una elección.
El condicionamiento es inevitable,
la corrección es una elección.

El ridículo es inevitable,
la revolución es una elección.
La intolerancia es inevitable,
la integración es una elección.

60.

Más fuertes los militares,
más estúpidos los ciudadanos.
Más ruidosas las municiones,
peor la educación.

Más poderosos los misiles,
más miserables las mentes.
Más agudos los francotiradores,
más enfermizos los espinazos.

Capítulo 21

61.

Echa fuera el odio,
no la humanidad.
Trascender la cultura
es el comienzo de la cultura.

Donde la integridad es incómoda,
la desintegración es inminente.
Donde la integridad es eminente,
la ascensión es evidente.

62.

La educación les permite
a los humanos alcanzar
su potencial mental y físico
tanto en la vida personal
como en la vida social.

Pero, hay una diferencia entre
un cerebro educado y un ser educado.
El cerebro educado sucumbe al egoísmo,
el ser educado no se somete a nada.

La educación es el instrumento
de la civilización,
la fuerza última
de la autocorrección.

Los errores son la piedra angular de la claridad.
La ausencia de error es el fin de la cordura viva.

63.

Todo simio tiene
talento para la guerra,
hace falta un ser humano
para alzarse por la paz.

¡No hay gloria civilizada
en la guerra, no importa
cuál sea tu excusa!

Todo simio tiene
talento para el ruido,
hace falta un ser humano
para alzarse en melodía.

No hay santidad civil en el odio,
la verdadera señal de santidad
está en la armonía.

Capítulo 22

64.

Cada simio tiene
talento para la destrucción,
se necesita un humano para ascender
como constructor del mundo.
Cualquier idiota puede levantar
más muros, necesita un humano
para construir puentes.

Todo simio tiene
talento para la guerra,
hace falta un humano
para iniciar la paz.

Cualquier político puede
propagar la paranoia,
hace falta un reformista
para infundir tranquilidad.

65.

En una crisis,
un civil se pregunta:
¿cómo puedo salvar a mi familia?;
un político se pregunta:
¿cómo puedo salvarme a mí mismo?;
un humanitario se pregunta:
¿cómo puedo salvar al mundo?

66.

Todos nacemos en el vientre de una madre,
en el regazo de la madre naturaleza
nos quedamos dormidos.
¡La luz en mí es la luz en ti!
¿Por qué peleáis por muros arcaicos?

El cerebro está ahí
para pensar como humano,
El corazón está ahí
para sentir como humano.

La columna está ahí
para caminar como humano,
Las manos están ahí para
ayudar a un ser humano.

Capítulo 23

67.

El servicio es mi salvación,
Alegría desinteresada trae iluminación.
Los muros son una carga demasiado salvaje,
En la sonrisa humana está el paraíso humano.

La religión es una teoría,
la santidad es una práctica.
La espiritualidad es una teoría,
la divinidad es una práctica.

La ciencia es un estudio,
la razón es una práctica.
La sociología es un estudio,
la sociedad es una práctica.

La cabeza es un mero instrumento,
El corazón es el suelo debajo.
La lógica es un accesorio,
el amor es el motivo.

68.

No hay una sino dos culturas,
una de la tierra, otra de la conducta.
La vida es la puerta de entrada al mundo,
el mundo es la puerta de entrada a la vida.

La tierra es mi hogar,
el cielo es mi ropa.
El fin de la tribu es
el nacimiento de la cultura.

Llámalo Halloween, Diwali
o Día de los Muertos,
es la lucha universal por la luz,
de nosotros humans - insan - humanos.

69.

Donde hay amor, hay justicia e igualdad.
La crueldad es cobarde, la bondad es valiente.
Despierta, comienza a caminar y no te
detengas hasta que el mundo se levante.

Alma amable es alma divina,
Mente segregada no es nada sagrado.
Ayudar a la gente es divinidad viva,
Día de los vivos es el día de lo divino.